PROJETS

CONCERNANT DES MOYENS A EMPLOYER

POUR

L'EXPANSION COLONIALE FRANÇAISE

PAR

F.-P. NADIX

Titre Premier et Titre II

LISTE DES COLONIES FRANÇAISES ET PAYS DE PROTECTORAT

NON COMPRIS L'ALGÉRIE ET LA TUNISIE :

COLONIES :

Martinique, Guadeloupe

Sénégal. Soudan. Guinée. Côte d'Ivoire. Dahomey. Gabon-Congo

Côte des Somalis. Madagascar. Mayotte. La Réunion

Nouvelle - Calédonie, Tahiti

Etablissements français de l'Inde. Cochinchine

Guyane. Saint-Pierre et Miquelon.

PAYS DE PROTECTORAT : Annam, Cambodge. Tonkin.

Surface	2.981.900 kilomètres carrés
Population.	32.082.000 habitants.
Dépenses civiles. . .	15.864.340 francs.
Dépenses militaires.	58.480.000 francs.

TOURS

IMPRIMERIE COLONIALE R. PITROU

60. RUE MARCEAU, 60

1897

PROJETS

CONCERNANT DES MOYENS A EMPLOYER

POUR

L'EXPANSION COLONIALE FRANÇAISE

PAR

F.-P. NADIX

Titre Premier et Titre II

LISTE DES COLONIES FRANÇAISES ET PAYS DE PROTECTORAT

NON COMPRIS L'ALGÉRIE ET L TUNISIE :

COLONIES :
Martinique, Guadeloupe
Sénégal, Soudan, Guinée, Côte d'Ivoire, Dahomey, Gabon-Congo
Côte des Somalis, Madagascar, Mayotte, La Réunion
Nouvelle - Calédonie , Tahiti
Etablissements français de l'Inde, Cochinchine
Guyane, Saint-Pierre et Miquelon.

PAYS DE PROTECTORAT : Annam, Cambodge, Tonkin.

Surface	2.981.900 kilomètres carrés.
Population	32.082.000 habitants.
Dépenses civiles	15.864.340 francs.
Dépenses militaires	58.480.000 francs.

TOURS
IMPRIMERIE COLONIALE R. PITROU
60, RUE MARCEAU, 60

1897

*« Pour prendre acte et glorifier les conquêtes scientifiques dues aux souf-
frances et parfois à la mort des explorateurs, les tablettes coloniales portent
ces noms en lettres d'or et rendent aussi justice aux hommes de profond savoir
et d'opiniâtre labeur, dont la vie est vouée à l'étude de la structure de notre
planète.*

« MAUNOIR (Société de Géographie de Paris). »

Titre Premier

PANTHÉON COLONIAL (1)

Jacques Cartier (1491-1557)

Champlain (1567-1635)

Colbert (1619-1683)

Louvois (1641-1691)

Dupleix (1697-1763)

Montcalm (1712-1759)

Cassini (1714-1784)

Bougainville (1729-1811)

Lalande (1732-1807)

Sané (1740-1831)

Lapérouse (1741-1788)

Méchain (1744-1805)

Delambre (1749-1822)

Chappe frères (1760-1828)
               (1763-1805)

Malte-Brun (1775-1826)

De Freycinet, Henri (1777-1840)

Bugeaud (1784-1849)

Frédéric Sauvage (1785-1857)

François Arago (1786-1853)

Fresnel (1788-1827)

Corps Expéditionnaires :

Algérie (1830)

Cochinchine (1861-1866)

Tonkin (1873) (1883-1885)

1º
ASSOCIATION PATRIOTIQUE COLONIALE FRANÇAISE

Exposé. — Mode de recrutement

2º
ASSOCIATION DES CRÉOLES ET COLONIAUX FRANÇAIS

Exposé. — Mode de recrutement

3º
VŒU :

Formation d'un grand syndicat financier colonial

PANTHÉON COLONIAL

Dumont-d'Urville (1790-1842)

René Caillié (1799-1838)

Emile Péreire (1800-1875)

Théod. Ducos (1801-1855)

Vivien-de-St-Martin (1801-1896)

Schœlcher (1804-1892)

Amiral Bonard (1805-1867)

Ferd. de Lesseps (1805-1894)

Le Verrier (1811-1878)

Daubrée (1814-1896)

Dupuy-de-Lôme (1816-1880)

Faidherbe (1818-1889)

Pasteur (1822-1895)

Jules Ferry (1825-1893)

Amiral Courbet (1827-1885)

Brière de l'Isle (1827-1896).

Flatters (1832-1881)

Amiral Olry (1833-1890)

Francis Garnier (1839-1873)

Crampel (1854-1891)

Corps expéditionnaires :

Tunisie (1881-1882)

Madagascar (1884-1885)
            (1894-1895)

Dahomey (1892-1893)

(1) Première série de 40 noms de Français illustres.

ASSOCIATION

PATRIOTIQUE COLONIALE FRANÇAISE

Les nombreuses explorations qui, depuis quelques années, ont été entreprises à la suite de l'agrandissement de notre domaine colonial, dû à nos vaillantes troupes de terre et de mer, ont amené les Français à rechercher les moyens de mettre en valeur les richesses signalées que contient ce domaine épars dans toutes les parties du monde.

Il se forme, par suite, un courant d'études variées et aussi intéessantes que possible, à l'effet de reconnaître tous les avantages à retirer des relations avec les populations devenues françaises, de même avec celles que nous protégeons, ainsi qu'avec les peuples voisins, chez lesquels la pénétration est devenue plus aisée.

En ce qui concerne notre exportation pour ces nouveaux pays, devenus territoires français ou protectorats, de même de l'importation des produits variés de ces pays, nul doute qu'il y a lieu de compter sur la valeur de nos commerçants, industriels et agricul·teurs ayant intérêt à se mettre à l'œuvre pour tirer parti de ces relations agrandies.

Répandre au milieu de tous les Français, les renseignements nécessaires pour que chacun de ceux ayant contribué à l'agrandissement de notre domaine colonial, puisse à bon droit, sans déplacement, sans obligation d'aller à la ville, assister à des conférences auxquelles il n'est pas toujours aisé d'être invité et de s'y rendre ou d'en avoir le compte rendu ; connaître ce qu'il y a d'intéressant pour lui et les membres de sa famille ou de ses amis désireux de profiter de ces nouveaux pays : tel est le but principal de l'Association patriotique coloniale française.

En procédant par un appel, dont le texte est ci-contre, dans le but d'établir des listes d'adhérents auxquels les publications pourront être adressées à bon escient : chaque renseignement arrivant chez les membres de l'*Association*, sera utilement reçu, et facilitera l'offre ou la demande, voire même comme méthode très simple d'enseignement colonial se répandant ainsi dans le cercle de relations de celui qui aime à entendre parler de notre domaine colonial, de ce qu'on y fait, de ce qu'on peut y faire.

Il serait donc entretenu comme un courant de conversations coloniales, remettant fréquemment en mémoire le souvenir qu'il y a, au delà de l'Europe et des mers lointaines, des Français avec lesquels l'échange de renseignements apparaît comme un besoin.

Qui n'a, pendant son séjour aux colonies, pensé au moins, une fois par jour, à son pays natal et à tout ce qu'il avait laissé d'êtres chéris ou d'amis !

Quel est celui qui ne s'est demandé aussi pourquoi tous les moyens possibles pour aider à la colonisation ne sont l'objet que de règlementations dictées par des fonctionnaires civils ou militaires ? Quelques-uns sont de passage pour un temps insuffisant, s'ils sont doués de talents qui consiste dans l'entente de la colonisation, et d'autres, pour une période néfaste, s'ils n'obéissent qu'à leur propre intérêt personnel, visant simplement à conquérir un avancement, sans souci aucun de la ruine qu'ils laissent derrière eux par suite de leur défectueuse administration.

Un Comité local, créé dans chaque chef-lieu de colonie, mis en relations permanentes avec des correspondants de France, aiderait à remédier au mal causé par le quasi abandon de nos compatriotes à la merci des décisions administratives qu'ils doivent subir trop longtemps parfois, malgré leurs intérêts, jusqu'à ce que les faits démontrent clairement les erreurs commises.

Il faut donc, d'autre part, que l'ancien colon ou militaire, de retour dans sa patrie, n'oublie pas ce qu'il avait formé de bons projets. Tout au contraire, il a le devoir, s'il ne lui est pas possible de repartir, de donner son avis à ceux désireux d'aller coloniser. Cela, en raison de la plus grande garantie qui peut résulter de renseignements personnellement acquis par l'expérience, donnant la supériorité sur toute communication administrative, émanant de personnes n'ayant couru aucun risque et jugeant inversement les voies et moyens pour arriver à faire de bons colons.

C'est par une association toute patriotique, bien coloniale et bien française, que les efforts de chacun tendant à l'encouragement de tout ce qui peut faciliter la mise en valeur de nos territoires lointains, pourront être utilisés.

Le mutuel concours, partant du plus petit hameau où réside quelqu'un ayant voyagé, vu et retenu, formera faisceau avec les groupes que nous supposons déjà faciles à constituer dans les communes et plus sûrement encore dans les chefs-lieux de canton. D'où est née l'idée de constituer, par arrondissement, un cercle ou société de coloniaux qui sera composé de tous les adhérents à ce programme, en les divisant en deux sections.

Sont appelés à faire partie de la première section : les Français décorés de la médaille coloniale ou de médailles commémoratives telles que Crimée, Baltique, Mexique, Tonkin, Madagascar ;

Les officiers de marine, officiers mariniers et marins ou assimilés de l'armée de mer retraités ou ayant achevé leur service militaire dans l'armée active ;

Les officiers, sous-officiers, soldats de l'armée de terre ou assimilés, ayant tenu garnison ou fait campagnes dans les colonies et terminé leur service dans l'armée active ;

Les employés militaires ou civils du cadre colonial actuellement en retraite ou rendus à des fonctions non administratives.

En résumé tous les hommes non liés actuellement au service de l'Etat d'une manière permanente et qui ont navigué hors d'Europe ou occupé une fonction civile ou militaire dans les colonies, l'Algérie ou pays de protectorats français, sont priés de se faire inscrire, comme membres de la première section. De même, tout ancien colon actuellement fixé en France et ayant effectué une année au moins de séjour dans une de nos colonies ou pays de protectorat ou de l'Algérie depuis l'âge de 18 ans, ainsi que tout explorateur ou missionnaire ayant fait au moins un voyage dans l'une de nos possessions ou territoires voisins.

Sont appelés à faire partie de la seconde section : les Français des deux sexes, âgés au moins de 18 ans, présentés par deux membres de la première section et s'engageant à payer le minimum d'une contribution équivalente à celle qui sera demandée pour frais de propagande. paraissant devoir être de deux francs par an, comme cotisation personnelle.

Les personnes de la seconde section ne seront pas tenues d'avoir séjourné hors d'Europe. Leur demande d'inscription avec le patronage de deux membres de la première section, justifiant de leur désir d'être en communication d'idées avec les coloniaux, constituera le titre à l'adhésion et à l'entrée dans l'*Association*.

Un bulletin, paraissant par quinzaine, sera rédigé par les soins du Comité de direction de l'Association. Il en sera adressé un nombre suffisant pour être distribué aux ayants-droit.

Le dit bulletin sera imprimé également sous forme d'affiche, en le résumant, s'il y a lieu, pour qu'un exemplaire soit placardé non loin du Journal officiel des Communes qui parait chaque dimanche et fait l'objet d'un affichage par voie administrative.

Il contiendra les nouvelles importantes de chaque colonie ou pays de protectorat, pouvant intéresser les familles de ceux actuellement militaires, marins en cours de voyage ou en garnison dans nos possessions lointaines. Il fera connaître les avantages ou concessions accordés aux familles offrant de bonnes garanties de succès en émigrant dans des territoires sous la domination de la France.

Ce bulletin servira à rappeler, au moins deux fois par mois, que nous avons des compatriotes bien éloignés de la mère patrie et qui se joignent par la pensée à ceux laissés au pays, peut-être sans espoir de retour près d'eux, leur attachement au nouveau sol les décidant à y rester et à encourager leurs amis ou parents à venir s'associer à leur succès.

Ce même bulletin vulgarisera les moyens étudiés pour l'avenir colonial de la France en s'aidant de toutes les communications provenant des comités régionaux ou d'arrondissement, d'une part, et des colonies d'autre part; toutes recueillies au Comité central, dans le but d'en faire l'étude et de les soumettre à l'attention générale et de faciliter, quand il y aura lieu, le pétitionnement au Gouvernement.

Les personnes désireuses de faire partie de l'*Association patriotique coloniale française*, sont priées de se faire inscrire, soit par demande verbale ou par correspondance, en indiquant la section pour laquelle elles peuvent avoir droit d'entrée, suivant ce qui a été décrit ci-dessus.

Les inscriptions seront reçues chez tout fondateur adhérent à la première section, mais d'une façon générale, le concours des bonnes volontés étant admis, des dépôts de bulletins d'adhésion seront faits dans les mairies, les cercles, les bureaux de tabac et chez les notables commerçants. Nous comptons d'avance que les comités locaux seront formés sans autres délégations que celles du bon vouloir et de l'initiative.

Les listes seront dressées par groupe, dans chaque localité et adressées avec les justifications d'adhésions au Comité central à Paris, qui en accusera réception et correspondra, dès le début, avec le délégué local nommé par chaque groupe.

Les bulletins mis en dépôt dans les endroits ci-dessus indiqués, seront uniformément établis sur le modèle ci-contre (Page 14).

Comme conséquence de l'exposé qui précède et par lequel nous croyons à la réalisation possible de l'organisation en France de l'*Association patriotique coloniale*, nous avons pensé qu'il y avait lieu de jeter également les bases d'une société-mère.

Dans cette société, à laquelle reviendra toute la responsabilité morale des résultats que nous espérons appelés à vaincre dans nos possessions lointaines, soit l'inertie, le découragement ou la mauvaise administration, il doit y avoir nécessairement des coloniaux de race et de conviction faite par suite de la lutte, connue par eux, pour la vie dans nos pays d'outre-mer.

C'est pour ces motifs que nous avons choisi pour cette société-mère et formulé le titre d'*Association des Créoles et Coloniaux français*.

De même nous avons établi des règles nécessairement plus sévères par assurer le recrutement d'adhérents offrant les garanties du plus grand savoir colonial à apporter dans une société qui veut faire le bien, propager les études provenant des comités établis dans chaque colonie et répandre utilement les plus importantes nouvelles coloniales parmi tous ceux auxquels nos possessions et leur avenir sont d'un intérêt réel.

Tous les adhérents, seront dans l'une ou l'autre Association, réunis vers un même but et leur devise sera d'un commun accord et pour toujours :

Vive la France Coloniale !

ASSOCIATION

DES CRÉOLES ET COLONIAUX FRANÇAIS

Dans le but d'arriver à constituer une puissante ligue contre les abus qui règnent dans nos possessions françaises, et pour centraliser tous les rapports et études que l'on peut obtenir entre personnes désireuses de se prêter à un mutuel concours de renseignements utiles pour elles-mêmes, pour leur pays d'adoption et pour la grandeur de la France, une association prenant le titre ci-dessus est projetée.

Pour être membre de cette association, il faut en faire la demande écrite à un Comité d'organisation établi comme il est dit dans un règlement qui suit et affirmer, dans cette demande, être dans les conditions suivantes :

1° Français, âgé de 25 ans révolus ;

2° Habitant d'une colonie française ou d'un pays de protectorat français, depuis deux années, au moins, ou y avoir habité pendant deux années après l'âge de 20 ans ;

3° Posséder ou avoir occupé dans une colonie ou pays de protectorat, une situation honorable dans la vie civile ou y avoir servi, tout au moins, comme sous-officier de l'armée de mer ou de l'armée de terre.

4° Posséder des preuves de qualités requises par la loi pour être électeur.

5° S'engager à payer, dès l'inscription sur les contrôles de la ligue, un droit d'entrée de deux francs et une cotisation annuelle, payable dans le 1er trimestre qui suivra l'avis d'inscription sur les contrôles.

L'Association recrutant les personnes des deux sexes, les conditions à remplir pour l'admisssion des femmes mariées, veuves ou demoiselles sont les suivantes :

Être Française, avoir deux ans de séjour au moins, après l'âge de 18 ans, dans une colonie française ou pays de protectorat. D'où il suit que les dames ou demoiselles pourront faire partie de l'Association dès l'âge de 20 ans.

Dans le cas de naissance de nationalité étrangère, être mariée depuis 5 ans, au moins, à un Français et avoir habité pendant ce laps de temps une colonie française ou pays de protectorat.

L'Association recherche également l'adhésion des négociants, armateurs ou industriels et commerçants établis en France, mais ayant dans les colonies ou pays de protectorat français des représentants et pouvant justifier, outre certaines conditions exigées dans les paragraphes ci-dessus, concernant l'acceptation des coloniaux, qu'ils y ont une ou plusieurs succursales pour lesquelles ils paient patente depuis au moins deux ans.

Son Comité fera les démarches nécessaires pour l'offre de l'honorariat à tous les membres du Gouvernement qui, par leur situation officielle, ont des attaches avec le monde colonial français.

La Présidence d'honneur sera offerte à M. Félix Faure, ancien Ministre de la Marine et ancien Sous-Secrétaire d'Etat aux Colonies.

Seront membres d'honneur, de droit, tous les anciens Ministres ainsi que les Gouverneurs ou Résidents généraux envoyant leur adhésion.

Dans chaque colonie, un journal local sera le correspondant de l'Association.

En France, en Algérie, en Tunisie, le nombre de journaux corpondants autorisés de ladite Association sera déterminé suivant l'importance du nombre de sociétaires dans la région où paraissent ces journaux.

Une revue, dont le prix sera fixé, suivant étude ultérieure, par les Comités consultés à cet effet, sera servie aux adhérents à son abonnement auquel aura droit de souscrire toute personne étrangère à l'Association.

Il en sera extrait des renseignements pour fournir à chaque membre de l'*Association des Créoles et Coloniaux français*, de même qu'aux membres de l'*Association patriotique coloniale*, un bulletin bimensuel prévu dans les statuts.

Cette publication aura pour titre :

La Gazette coloniale Française, Revue des nouvelles de nos Possessions et Pays de protectorat.

Elle contiendra les matières se rapportant à un programme ci-dessous :

1° Lois, Décrets, Règlements et Décisions officielles ;

2° Comptes-rendus analytiques des séances du Sénat, de la Chambre des Députés, du Conseil supérieur des Colonies et des séances des Conseils généraux des Colonies ;

3° Extraits des Journaux de France et d'outre-mer ;

4° Renseignements sur les voyages des Paquebots-poste et leur arrivée dans les escales ou à destination ;

5° Renseignements sur les navires de guerre en cours de voyage ;

6° Listes d'embarquement du personnel de l'État ;

7° Nécrologie et biographie. ;

8° Bibliographie coloniale ;

9° Boîte aux lettres. — Correspondances spéciales de chaque colonie ;

10° Lettre de quinzaine à nos compatriotes dans nos Possessions et Pays de protectorat (sur feuille supplémentaire encartée).

11° Nouvelles télégraphiques des Colonies ou de l'étranger reçues en France ;

12° Cours des principales valeurs de la Bourse de Paris. Cours moyen des approvisionnements de denrées. Cours moyen des métaux ;

13° Revue financière des valeurs coloniales et comptes-rendus des Conseils d'administration ;

14° Offres et demandes d'emplois;

15° Tableaux de publicité.

V OE U

—

Au-dessus de ces conceptions d'Associations populaires et patriotiques, n'ayant point qualité pour entreprendre à leur compte des travaux de colonisation, nous estimons que des hommes d'action sauront engager la formation d'un *grand syndicat financier colonial* qui, avec les capitaux mis à sa disposition, prendrait en mains quelques œuvres de colonisation faisant l'objet, dès sa création, d'études venant de sa propre initiative ; ensuite celles qui lui seraient indiquées et recommandées en temps opportun par les Associations précitées.

Déjà il aurait à encourager ou à prendre pour son propre compte, des entreprises bien étudiées par des syndicats français de moyenne importance, à la veille de rapporter de nos colonies les justifications nécessaires pour de bons placements d'argent.

Ces derniers ne sauraient entrer en ligne de comparaison, comme sécurité, avec toutes ces émissions qui, de temps à autre, drainent l'épargne française pour l'engouffrer dans les territoires d'Amérique ou du sud de l'Afrique, au bénéfice d'étrangers.

Une institution financière, basée sur ces données, peut aisément se mettre sur pied, si nos plus hauts dignitaires de la finance veulent bien s'entendre à ce sujet, en vue de notre expansion coloniale à favoriser.

La Commission sénatoriale qui s'occupe du projet de loi sur le compagnies privilégiées de colonisation, sous la présidence de M. de Freycinet, ne peut tarder de soumettre ce projet à l'examen des Chambres. Tout viendrait à point, si toutes les bonnes volontés répondaient à l'appel d'un comité d'organisation tel que nous le désirons. Il serait composé en grande partie de notabilités coloniales, dont les noms font une liste qu'il est du devoir de chacun d'accueillir avec la plus grande sympathie jointe à la grande confiance donnée d'avance à leurs propositions et aux actes qui sortiront de leurs délibérations.

F.-P. NADIX,
Ingénieur

Luynes (Indre-et-Loire)

Paris, Mars 1897.

L'auteur, pendant le cours de ses cinq voyages en Asie, Afrique et Océanie, a atteint un total de plus de dix-huit ans de séjour dans nos possessions lointaines.

Il joint à l'expérience de la vie coloniale, celle de la vie maritime ; la durée des dix traversées, d'aller et retour, ayant varié de trente-cinq à cent-quarante jours, l'a contraint de vivre ainsi plus de deux ans sur mer.

Il se propose, par suite de ses droits acquis, comme colonial, de se faire inscrire en qualité de membre titulaire de chacune des deux associations ci-dessus projetées.

Ses parrains seront les membres du Comité Central d'organisation, dont les noms seront publiés prochainement.

F.-P. NADIX

Première section

NOM et PRÉNOMS	Année de naissance	TITRE donnant droit à faire partie de la PREMIÈRE SECTION	DURÉE du séjour hors de France	DURÉE du séjour colonial	PROFESSION actuelle	RÉSIDENCE et ADRESSE	SIGNATURE justifiant la demande d'inscription

Deuxième section

NOM et PRÉNOMS	Année de naissance	PROFESSION	RÉSIDENCE et ADRESSE	NOMS des deux parrains de la PREMIÈRE SECTION	SIGNATURES des parrains et du candidat

DEUXIÈME LISTE CHRONOLOGIQUE

DE 40 NOMS DE FRANÇAIS

QUI SE SONT ILLUSTRÉS PAR DE CÉLÈBRES DÉCOUVERTES
OU DE GRANDS SERVICES RENDUS DANS LE MONDE COLONIAL

Titre II

1o

STATUTS CONSTITUTIFS

de l'Association des Créoles et Coloniaux français.

2o

STATUTS CONSTITUTIFS

de l'Association patriotique coloniale française.

3o

RÈGLEMENT INTÉRIEUR

texte commun aux deux Associations

4o

LISTE

de **30** noms d'Étrangers illustres du monde colonial

PANTHÉON COLONIAL

De Bethencourt, Jean (1360-1422)

Richelieu (1585-1642)

De Flacourt (1607-1660)

Vauban (1633-1707)

Cavelier de la Salle (1640-1687)

Denis Papin (1650-1710)

d'Anville J.-B. (1697-1782)

Mahé de Labourdonnais (1698-1753)

Buffon (1707-1788)

Turgot (1727-1789)

Necker, Jacques (1732-1804)

Parmentier (1737-1790)

Lenoir (1740-1800)

Monge (1746-1818)

De la Rochefoucault-Liancourt (1747-1827)

de Jouffroy d'Abbans (1751-1832)

Niepce frères { (1763-1828) (1765-1833)

Lerebours (1764-1840)

Beautemps-Beaupré (1766-1854)

Molard (1774-1829)

PANTHÉON COLONIAL

Parceval-Deschènes (1790-1860)

Degousée (1795-1862)

Elie de Beaumont (1798-1874)

Reynaud, Léonce (1803-1880)

Charton, Edouard (1807-1890)

Amiral Reynaud (1808-1876)

Gaultier de la Richerie (1810-1886)

Bailloud, J.-B. (1811-   )

Cardinal Lavigerie (1815-1892)

Foucault, Léon (1819-1868)

Dr Figuier, Louis (1819-1894)

P. Montrouzier (1820-1885)

Laurent, Charles (1821-1870)

Amiral Mouchez (1821-1892)

Gillard (1825-1882)

Rousseau, Armand (1835-1896)

Duveyrier, Henri (1840-1892)

Soleillet (1842-1886)

Dr Crevaux (1847-1882)

Dutreuil de Rhins (1847-1894)

STATUTS CONSTITUTIFS

DE L'ASSOCIATION DES CRÉOLES ET COLONIAUX FRANÇAIS

ARTICLE PREMIER. — Le but de l'Association des Créoles et Coloniaux français, est de constituer dans toutes nos colonies et pays de protectorat, ainsi qu'en France, des comités dont toutes les études feront l'objet d'une centralisation tendant :

1º A la diffusion des connaissances nécessaires pour faciliter la colonisation dans chaque possession française ;

2º A soutenir la lutte contre les abus et à prêter son plus dévoué concours aux représentants ou délégués près du pouvoir métropolitain ;

3º A former une véritable ligue entre personnes ayant l'expérience de la vie coloniale, soit en y ayant résidé un certain temps suffisant ou en y étant habitant réunissant des conditions d'aptitude, comme membre de ladite ligue, justifiées par une situation honorable et un minimum d'âge nécessaire.

ART. 2. — Le siège de l'Association est établi à Paris.

ART. 3. — L'Association se compose de :

Membres d'honneur avec graduation de Vice-Présidence et Présidence ,
Dames patronesses ;
Membres honoraires ;
Membres fondateurs ;
Membres titulaires.

Les Membres d'honneur, avec graduation possible, ont ce titre, en raison de leur situation ou des services éminents et travaux qui permettent de justifier ce choix.

Les Dames patronnesses sont celles qui, avec ce titre honorifique, permettent de compter sur leur haute influence, en raison de services éminents qu'elles peuvent rendre, notamment en recherchant les adhésions à l'Association parmi les dames.

Les Membres honoraires sont les anciens administrateurs de l'Association qui ont obtenu cette nomination par vote de l'Assemblée générale, sur la proposition du Comité central.

Les Membres d'honneur, les Dames patronnesses et les Membres honoraires ne sont point tenus de payer une cotisation.

Les Membres fondateurs sont ceux qui, admis par le Comité central, versent une fois pour toutes la somme de deux cents francs au moins. Leurs noms restent inscrits à perpétuité sur la liste des Membres de la Société.

Les sommes versées par les Membres fondateurs constituent par moitié un fonds de réserve pour la Société. Les intérets de cette moitié entrent dans les dépenses de besoins courants.

Art. 4. — Pour être admis à faire partie de l'Association comme Membre fondateur ou Membre titulaire, il faut, après avoir signé une déclaration d'adhésion justifiant avoir pris connaissance des conditions qui sont énoncées sur le bulletin d'adhésion, se faire présenter par deux Membres de la Société. L'admission peut être prononcée en réunion mensuelle, à la majorité des voix du Comité régional de la zône à laquelle appartient le postulant.

Art. 5. — Les Corporations, Institutions ou Sociétés ayant en permanence quelques-uns de leurs Membres dans nos colonies ou pays de protectorat, seront agréées comme Membres de l'Association à titre impersonnel. — Leur Directeur ou Président les représentera dans toute réunion de l'Association, conformément aux droits des Membres de même ordre inscrits sur les contrôles.

Art. 6. — Le Membre titulaire admis, doit payer un droit d'inscription fixé à deux francs et une cotisation annuelle dont il sera parlé dans les articles qui suivent.

Art. 7. — Les Comités régionaux. ou d'arrondissement, établiront des listes contenant les noms des postulants. Après examen de ces listes revêtues de l'avis favorable des Membres de ces Comités, le Comité central décidera des admissions.

Il sera donné avis aux intéressés de leur inscription sur les contrôles de l'Association.

Art. 8. — Les Membres fondateurs et les Membres titulaires ont seuls voix délibérative dans les assemblées ou réunions. Les Membres honoraires ont voix consultative dans toutes les réunions où ils sont convoqués.

Les dispositions nécessaires pour l'organisation et l'administration de l'Association seront établies dans un règlement intérieur dressé par un Comité, dit Comité central, élu en Assemblée générale à Paris, qui représentera l'Association dans toutes les circonstances.

Le Comité central préparera dans une séance spéciale, composée seulement de Membres honoraires, fondateurs et titulaires de la Société, une liste de candidats aux fonctions de Président et de Membres du Comité.

La liste préparatoire sera établie par ordre de suffrages obtenus, sans indication du nombre de voix. Elle contiendra les renseignements permettant d'éclairer le choix des Sociétaires électeurs qui en recevront tous un exemplaire destiné à leur servir de bulletin de vote par correspondance.

Art. 9. — Ce Comité se composera de trente membres et nommera son bureau.

Le bureau comprendra :

Un Président,

Trois Vice-Présidents,
Un Secrétaire,
Deux Vice-Secrétaires,
Un Archiviste-Bibliothécaire,
Un Trésorier.

Toutes ces situations sont honorifiques.

Des frais de représentation sont allouées au Président.

Des jetons de présence peuvent être alloués aux membres du Comité, ainsi que des frais de déplacement.

Art. 10. — Le Comité central aura dix Membres renouvelables chaque année, soit un tiers, dont les Membres sortants seront désignés par le tirage au sort pour les deux premiers tiers et seront inéligibles pendant une année.

L'Archiviste et le Trésorier feront seuls exception à cette règle. Ils pourront être réélus chaque fois que leur nom obtiendra la majorité.

Le Président sera élu par l'Assemblée générale et entrera en fonction pour 3 ans.

Il ne sera point rééligible pendant une égale période après expiration de ses pouvoirs.

Le Comité élu procédera dès sa première séance, par vote au bulletin secret, à la constitution de son Bureau, en ce qui concerne ses Vice-Présidents, Secrétaire, Vice-Secrétaires, Archiviste et Trésorier.

Art. 11. — Les droits et devoirs des Membres du Comité central sont définis par le règlement intérieur de la Société. Le Comité s'occupe notamment de la rentrée des fonds et ordonnance les dépenses. Il recueille tous les renseignements relatifs au but que poursuit l'Association et rend compte de ses opérations en Assemblée générale qu'il doit convoquer au moins deux fois par an.

Art. 12. — Le Comité se réunit une fois par mois et plus, s'il est nécessaire, sur la convocation du Président.

Il reçoit les demandes d'admission et les propositions de radiation pour cause grave.

Dans ce cas, il entend la déposition verbale ou reçoit la justification écrite que le Membre inculpé peut donner pour sa défense.

Art. 13. — Le Comité ne peut se démettre collectivement qu'en Assemblée générale valablement constituée.

Art. 14. — En cas de démission ou de décès d'un ou plusieurs de ses Membres, le Comité pourvoit aux vacances et les nouveaux élus sont choisis, dans l'ordre des voix obtenues, d'après le résultat des élections qui ont été faites précédemment en Assemblée générale.

Ils prennent le mandat pour la durée du temps qui restait à courir par celui décédé ou démissionnaire.

Les fonctions de Membre du bureau ne sont pas transmissibles *ipso facto*. Il y aura lieu de procéder, entre les Membres du Comité, à un vote par emploi vacant.

Art. 15. — Le Comité central a le droit de convoquer l'Assemblée générale chaque fois qu'il le juge utile.

Art. 16.— Le fonds social se compose :

1o Du versement des droits d'inscription par les Membres titulaires, ainsi que de leur cotisation annuelle ;

2o Du versement des Membres fondateurs dont le taux est fixé à un minimum de deux cents francs, pour droit d'inscription sur le contrôle des Membres perpétuels, sans contribution annuelle.

3o Des sommes remises par des donateurs et des produits de publications ou de conférences et fêtes.

Art. 17. — Les versements pour cotisations des Membres titulaires, dont le taux est fixé annuellement en Assemblée générale, sans pouvoir excéder douze francs par an, doivent être faits par exercice budgétaire comptant pour année complète, du 1er janvier au 31 décembre, quelle que soit la date de l'adhésion des candidats.

Il sera cependant loisible aux candidats présentés dans le dernier trimestre, de demander leur inscription pour compter seulement du 1er janvier de l'année suivante.

Art. 18. — L'avoir de la Société est affecté :

1o Aux frais de loyer, d'éclairage et de chauffage du lieu des réunions de la Société et aux appointements du personnel de l'Agence centrale ;

2o Aux frais de correspondance, d'impression et autres, autorisés par le Comité.

Art. 19. — Les fonds excédant les besoins courants de la Société sont placés en son nom, en acquisition de rentes sur l'État, ou en obligations des six grandes Compagnies de Chemins de fer, garanties par l'État, actions de la Banque de France ou obligations de la Ville de Paris.

Toutes ces opérations se font par les soins du Président, du Secrétaire et du Trésorier agissant collectivement.

Art. 20. — Ces trois personnes opèrent aussi collectivement les retraits de fonds, transferts, mutations, ventes, signent toutes déclarations et quittances et généralement font tous actes nécessaires aux besoins de l'Association.

Art. 21. — Le Trésorier est dépositaire responsable des inscriptions de rentes appartenant à la Société et de toute valeur dont il a pris charge.

Art. 22. — Il est chargé de provoquer la rentrée régulière des fonds et d'acquitter les dépenses.

Art. 23. — Les dépenses sont soumises à l'examen du Comité central et réglées par le Trésorier, sur visa du Président.

Art. 24. — Le Trésorier présente ses comptes au Comité pour être communiqués à la Société, en Assemblée générale. Celle-ci en donne décharge s'il y a lieu.

Art. 25. — Toute démission doit être adressée au Président, accompagnée du titre de nomination qui avait été délivré au démissionnaire.

Art. 26. — Il y a lieu à radiation pour retard de paiement de la cotisation. Le Comité peut accorder un délai, d'un à six mois, ou décider que la radiation doit être prononcée après avertissement resté sans justification ou sollicitation de délai pour le paiement.

Art. 27. — Il y a lieu à exclusion pour dérogation formelle aux statuts ou au règlement de la Société.

Art. 28. — L'exclusion peut être prononcée contre tout Sociétaire qui, dans ses relations, aurait commis un acte de nature à nuire à sa considération personnelle ou qui aurait à subir une condamnation judiciaire de nature à flétrir l'honneur ou la probité.

Toutefois l'exclusion définitive par le Comité central peut venir en appel par devant l'Assemblée générale qui décide en dernier ressort, à la majorité des deux tiers plus une voix, des membres présents.

Art. 29. — Tout membre qui, pour quelque cause que ce soit, cesse de faire partie de la Société, n'a droit à aucun remboursement.

Art. 30 — Les Statuts et le Règlement de la Société peuvent être modifiés en Assemblée générale seulement, à la majorité des deux tiers, plus une voix, des Membres présents et les modifications ne sont exécutoires qu'après avoir reçu l'approbation du Gouvernement.

Toutefois les modifications proposées doivent être préalablement soumises à l'examen du Comité central qui en fait l'objet d'une proposition définitive à l'Assemblée générale.

Art. 31. — En cas de dissolution de la Société, les fonds restés libres, après l'acquittement des dettes de l'Association, recevront telle destination de bienfaisance que leur assignera l'Assemblée générale, avec l'approbation du Gouvernement.

Art. 32. — Le règlement intérieur de la Société sera soumis à l'approbation du Préfet qui aura autorisé l'*Association des Créoles et Coloniaux français*, dont les présents statuts ont été arrêtés ce jour à trente-deux articles et suivis de dispositions transitoires.

DISPOSITIONS TRANSITOIRES

Après la période de formation de l'*Association des Créoles et Coloniaux français*, le Comité central qui devra succéder au Comité d'organisation ne sera élu que pour un an.

C'est à l'expiration de cette gestion d'une année que commencera l'application du mode d'élection préparatoire et de toutes les prescriptions contenues dans les articles 8, 9 et 10 des présents statuts, en ce qui concerne la constitution du Comité et de son Bureau.

La cotisation pour l'année 1897, sera de 10 francs, non compris la somme de 2 francs, dont il est parlé dans l'article 6, ci-dessus, pour droit fixe d'inscription sur les contrôles de l'Association.

Le présent projet des statuts, dressé par le soussigné.

F.-P. NADIX.

Paris, le 15 mars 1897.

STATUTS CONSTITUTIFS

DE L'ASSOCIATION PATRIOTIQUE COLONIALE FRANÇAISE

ARTICLE PREMIER. — Le but de l'Association patriotique Coloniale française, est de répandre, avec méthode au milieu de tous les Français, les renseignements nécessaires pour que chacun puisse contribuer à la diffusion des connaissances utiles, dans le but d'accroître les moyens de colonisation dans nos possessions lointaines et pays de protectorat. De plus, entretenir à l'égard de nos compatriotes, en échange de leurs efforts tentés personnellement dans nos colonies et de l'expérience acquise, le courant de relations amicales nécessaires pour que cette expérience leur profite largement.

ART. 2. — Le siège de l'Association est établi à Paris.

ART. 3. — L'Association se compose de :

Membres d'honneur avec graduation de Vice-Présidence et de Présidence.

Dames patronnesses;

Membres honoraires;

Membres fondateurs;

Membres titulaires;

Membres aspirants.

Les Membres d'honneur, avec graduation possible, ont ce titre en raison de leur situation ou des services éminents et travaux qui permettent de justifier ce choix.

Les Dames patronnesses sont celles qui, avec ce titre honorifique, permettent de compter sur leur haute influence en raison de services éminents qu'elles peuvent rendre, notamment en recherchant les adhésions à l'Association parmi les Dames.

Les Membres honoraires sont les anciens administrateurs de l'Association qui ont obtenu cette nomination par vote de l'Assemblée générale, sur la proposition du Comité central.

Les Membres d'honneur, les Dames patronnesses et les Membres honoraires, ne sont point tenus de payer une cotisation.

Les Membres fondateurs sont ceux qui, admis par le Comité central, versent une fois pour toute, sa somme de cinquante francs, au moins. Leurs noms restent inscrits à perpétuité sur la liste des Membres de la Société.

Les sommes versées par les Membres fondateurs constituent par moitié un fonds de réserve pour la Société. Les intérêts de cette moitié entrent dans les dépenses de besoins courants.

Art. 4. — Pour être admis à faire partie de l'Association comme Membre fondateur ou Membre titulaire, 1re ou 2e section, suivant le cas, il faut, après avoir signé une déclaration d'adhésion justifiant avoir pris connaissance des conditions qui sont énoncées sur le bulletin d'adhésion, se faire présenter par deux Membres de la 1re section de la Société.

Pour être admis, comme Membre aspirant dans la 1re ou 2e section, il faut avoir 18 ans accomplis et indépendamment des conditions énoncées dans le paragraphe précédent, justifier du consentement des parents ou tuteurs.

Il suffira après la majorité, atteinte par le Membre aspirant, de demander l'inscription, sans frais, de son nom sur la liste des titulaires, 1re ou 2e section, suivant les droits acquis, en renouvelant par devant deux Sociétaires qui lui serviront de parrains, la déclaration à l'adhésion.

Par exception, les dames et demoiselles âgées de 18 ans et de moins de 21 ans, sont exemptes du stage d'aspirantes et sont inscrites d'emblée sur la liste des titulaires de l'Association, 1re ou 2e section, suivant qu'elles sont habitantes ou non, d'une Colonie ou pays de protectorat.

L'admission peut être proposée en réunion mensuelle, à la majorité des voix du Comité régional de la zône à laquelle appartient le postulant.

Art. 5. — Les Corporations, Institutions ou Sociétés seront agréées comme Membres de l'Association, à titre impersonnel. Leur Directeur, ou Président, les représentera dans toute réunion, conformément aux droits des Membres de même ordre inscrits sur les contrôles.

Art. 6. — Les Membres titulaires et les Membres aspirants admis doivent payer un droit d'inscription fixé à un franc, ainsi qu'une cotisation annuelle dont il sera parlé dans les articles qui suivent.

Art. 7. — Les Comités régionaux, ou d'arrondissement, établiront des listes contenant les noms des postulants. Après examen de ces listes, revêtues de l'avis favorable des Membres de ces Comités, le Comité central décidera des admissions.

Il sera donné avis aux intéressés de leur inscription sur les contrôles de l'Association.

Art. 8. — Les Membres fondateurs et les Membres titulaires ont seuls voix délibérative dans les Assemblées ou Réunions.

Les Membres honoraires ont voix consultative dans toutes les réunions où ils sont convoqués.

Les Membres aspirants peuvent assister aux Assemblées, mais ils n'ont pas droit de participer à aucun vote, même à titre consultatif.

Les dispositions nécessaires pour l'organisation et l'administration de l'Association seront établies dans un règlement intérieur dressé par un Comité, dit Comité central, élu en Assemblée générale à Paris, qui représentera l'Association dans toutes les circonstances.

Le Comité central préparera dans une séance spéciale, composée seulement de Membres honoraires, fondateurs et titulaires de la Société une liste de candidats aux fonctions de Président et de Membres du Comité.

La liste préparatoire sera établie par ordre de suffrages obtenus, sans indication du nombre de voix. Elle contiendra les renseignements permettant d'éclairer le choix des Sociétaires qui en recevront tous un exemplaire destiné à leur servir de bulletin de vote par correspondance.

Art. 9. — Voir article 9
— 10 — 10
— 11 — 11
— 12 — 12 } des statuts de l'Association des Créoles et Coloniaux Français.
— 13 — 13
— 14 — 14
— 15 — 15

Art. 16. — Le fonds social se compose :

1º Du versement des droits d'inscription par les Membres titulaires et les Membres aspirants ainsi que de leur cotisation annuelle;

2º Des versements des Membres fondateurs dont le taux est fixé à un minimum de cinquante francs, pour droit d'inscription sur le contrôle des Membres perpétuels, sans contribution annuelle.

3º Des sommes remises par des donateurs et des produits de publications ou de conférences et fêtes.

Art. 17. — Les versements pour cotisation des Membres titulaires et des Membres aspirants, dont le taux est fixé annuellement en Assemblée générale, sans pouvoir excéder cinq francs par an, doivent être faits par exercice budgétaire comptant pour une année complète, du 1er janvier au 31 décembre, quelle que soit la date de l'adhésion du candidat. Il sera cependant loisible aux candidats présentés dans le dernier trimestre, de demander leur inscription pour compter seulement du 1er janvier de l'année suivante.

Art. 18. — Voir article 18
— 19 — 19
— 20 — 20
— 21 — 21
— 22 — 22
— 23 — 23
— 24 — 24 } des statuts de l'Association des Créoles et Coloniaux Français.
— 25 — 25
— 26 — 26
— 27 — 27
— 28 — 28
— 29 — 29
— 30 — 30
— 31 — 31

Art. 32. — Le règlement intérieur de la Société sera soumis à

l'approbation du Préfet qui aura autorisé l'*Association patriotique
Coloniale française*, dont les présents statuts ont été arrêtés ce jour
à trente-deux articles et suivis de dispositions transitoires.

DISPOSITIONS TRANSITOIRES

Après la période de formation de l'*Association patriotique coloniale
francaise*, le Comité central qui devra succéder au Comité d'organisation ne sera élu que pour un an.

C'est à l'expiration de cette gestion d'une année que commencera
l'application du mode d'élection préparatoire et de toutes les prescriptions contenues dans les articles 8, 9 et 10 des présents statuts, en
ce qui concerne la constitution du Comité et de son Bureau.

La cotisation pour l'année 1897 sera de quatre francs, non compris
la somme d'un franc dont il est parlé dans l'article 6 ci-dessus, pour
droit fixe d'inscription sur les contrôles de l'Association.

Le présent projet de statuts, dressé par le soussigné

F.-P. NADIX.

Paris, 15 mars 1897.

ASSOCIATION DES CRÉOLES ET COLONIAUX FRANÇAIS

RÈGLEMENT INTÉRIEUR

ARTICLE PREMIER. — Le Comité central, dont les membres au nombre de 30, ont été élus en Assemblée générale, nomme son bureau, composé comme il est dit dans les articles 9 et 10 des statuts de l'Association.

ART. 2. — Le bureau est chargé de veiller aux intérêts de la Société qu'il administre.

Il réunit le Comité au moins une fois par mois et règle les affaires courantes.

Il fixe, avec l'approbation du Comité, la date des Assemblées générales et une fois pour toutes, au commencement de l'année, celles des réunions mensuelles.

ART. 3. — Toute réunion, soit du Comité, soit de l'Assemblée générale, est l'objet, de la part du Président, d'une lettre de convocation adressée à chaque membre du Comité. Elle contient, autant que possible, l'ordre du jour.

ART. 4. — Les Membres du Comité qui ne peuvent assiter à la réunion à laquelle ils sont convoqués, sont tenus d'en donner avis, à l'avance, au Président.

ART. 5. — Un Membre du Comité qui manque à trois réunions consécutives, sans avoir justifié de ses absences, est considéré comme démissionnaire de ses fonctions. Dans ce cas on procède à son remplacement conformément aux dispositions de l'article 14 des statuts.

ART. 6. — Le Président dirige les délibérations du Comité et de l'Assemblée générale. En cas de partage égal de voix, la sienne est prépondérante.

Il veille au bon ordre des séances et à l'exécution des statuts et règlements.

ART. 7. — En cas d'absence ou d'empêchement du Président, ses droits et prérogatives sont dévolus à l'un des Vice-Présidents et, à leur défaut, au Membre le plus âgé du Bureau.

ART. 8. — Quelque soit le nombre des Membres présents, la séance est ouverte à l'heure indiquée, par la lecture du procès-verbal de la séance précédente. Il est ensuite procédé aux travaux suivant l'ordre du jour dressé préalablement par le Président.

ART. 9. — Dans chaque discussion, le Président accorde la parole suivant le tour d'inscription et successivement à des Sociétaires d'opinions opposées dans la discussion ayant cours.

ART. 10. — La parole est également accordée de droit, hors le tour à tout Membre, soit pour un fait personnel, soit pour réclamer l'ordre du jour ou un rappel au réglement.

ART. 11. — Toute discussion politique ou étrangère au but de l'Association est formellement interdite.

ART. 12. — Le Président veille à ce que chaque orateur se renferme dans la question.

Il l'y ramène, au besoin, et lui retire la parole s'il persiste à parler de questions étrangères à la discussion.

ART. 13 — Aucun vote du Comité n'est valable sans la réunion d'un tiers, au moins, des Membres qui ont été convoqués, conformément à l'article 3 du présent règlement.

Les votes se font par assis et levé et les décisions se prennent à la simple majorité, sauf les cas prévus par les articles 28 et 30 des statuts constitutifs.

ART. 14. — Pour être Membre de la Société, il faut avoir été l'objet d'une décision spéciale du Comité central, après en avoir fait la demande sur bulletin d'adhésion conforme au modèle décrit dans les statuts et justifié des conditions qui sont énoncées dans les dits statuts constitutifs.

Les Membres d'honneur, les Dames patronnesses et les Membres honoraires sont nommés par le Comité central ou l'Assemblée générale suivant les cas établis comme principes dans les statuts.

ART. 15. — Les titres des candidats sont examinés dans la plus prochaine séance qui suit la demande ou la proposition. L'admission est prononcée, à la majorité, par vote au bulletin secret.

ART. 16. — Le versement du droit d'admission ou d'inscription n'est exigible qu'après notification faite au nouveau Sociétaire de son entrée dans l'Association. Il doit, de ce fait, payer également au moins un à-compte à valoir sur sa cotisation, en indiquant la date prochaine du paiement complémentaire.

Les envois de fonds sont faits en adressant à *M. le Trésorier* sans désignation personnelle.

ART. 17. — Les livres de la Société se composent de :

Un registre contenant : 1º Les procès-verbaux des séances qui ont précédé l'adoption définitive des statuts et du règlement ; 2º Le règlement signé de tous les Membres qui l'ont adopté et qui composaient la Société à son début ; 3º Les procès-verbaux des séances d'Assemblées générales. Chaque compte-rendu étant signé du Président qui a dirigé la séance et du Secrétaire présent ;

Un registre contenant les nom, prénoms, âge, date d'entrée et résidence de chaque Sociétaire ;

Un registre d'ordre, contenant les indications nécessaires pour retrouver la trace des renseignements communiqués à la Société et des affaires traitées ou en cours ;

Un registre de correspondance ;

Un registre de comptabilité contenant l'indication journalière des recettes et des dépenses de la Société ;

Et enfin tous livres auxiliaires reconnus indispensables pour le Trésorier et le Bibliothécaire.

Art. 18. — Un tableau indiquant les noms des nouveaux candidats dont l'admission est proposée au Comité central, sera placé dans la salle de l'Association réservée aux visiteurs. Les noms devront y avoir été affichés pendant quinze jours avant que la liste soit soumise, à titre définitif, à l'examen et au vote du Comité central.

Il pourra être fait, au préalable ou simultanément, au lieu de réunion du Comité régional ou d'arrondissement, un affichage des noms des postulants, pour une durée de dix jours ; afin de préparer l'élection dans la contrée habitée par le postulant.

Art. 19. — Il est délivré à chaque Sociétaire une carte portant le cachet de la Société, la signature du Président et celle du Secrétaire. Cette carte peut être exigée pour justifier du droit d'entrée au sein des réunions de l'Association.

Art. 20. — Le Comité central peut se subdiviser en Commissions spéciales, afin de faciliter la rapide solution à donner aux affaires, dans l'intérêt de l'Association et dans le but surtout de présenter des rapports sur lesquels le Comité aura à statuer avec le plus d'éclaircissement possible.

Le Président et les Membres du bureau doivent habiter Paris ou la banlieue.

Dix Membres du Comité, soit un tiers, peuvent être habitants de la province, mais aucun d'eux ne peut habiter hors de France.

Art. 21. — Des Commissions régionales ou d'arrondissement même, suivant qu'il existe un nombre suffisant de Sociétaires, pour justifier l'existence de correspondants de l'Association choisis par suite d'élection entre les Sociétaires de la région ou de l'arrondissement, peuvent être chargés de représenter la Société.

Chaque Commission régionale, ou d'arrondissement, nommera un Président chargé tout spécialement de correspondre avec le Comité central. Ce Président pourra recevoir délégation pour la centralisation des recettes de toute nature à faire pour le compte de l'Association.

Il sera alloué à ces Commissions et au Président une indemnité permettant de subvenir à leurs frais de correspondance.

Les Commissions régionales ont tout particulièrement pour but d'entretenir les relations amicales entre les Sociétaires pouvant se grouper ou se rencontrer fréquemment, et de provoquer par ces relations le plus d'adhésions possible, ainsi que la production de documents et renseignements intéressant la collectivité des Membres de toute l'Association.

Art. 22. — Ces Commissions régionales ne peuvent en aucun cas engager la responsabilité de la Société.

Art. 23. — Elles rendent compte de leurs travaux au Président de l'Association, à Paris, lui signalent les événements du plus grand intérêt pour la Société et pour les Sociétaires. Ces derniers restent, quand même, libres de s'adresser directement au Comité central pour toutes leurs communications personnelles.

Art. 24. — Les Présidents des Commissions régionales pourront assister, avec voix consultative, aux délibérations du Comité central pour toute question intéressant particulièrement leur région.

En cas d'empêchement, ils pourront déléguer un des Sociétaires faisant partie de la même Commission régionale ou bien, suivant l'importance des questions et du nombre de Sociétaires dont les intérêts sont en cause, une délégation de trois Membres au plus, y compris le Président ou son délégué, pourra être détachée près du Comité central pour mener à bonne fin l'étude de ces importantes questions.

Art. 25. — Les déplacements et tous frais de mission de ces délégués ne pourront, en aucun cas, être imputés au compte de l'Association. Le Comité central ayant seul le droit d'engager des dépenses.

Art. 26. — Les Dames étant admises comme Sociétaires, n'ont pas droit cependant à être élues comme Membres du Comité central.

Dans un vote, toute voix donnée contrairement à cette partie de règlement sera annulée.

Cependant, elles peuvent avoir le titre de correspondantes, par délégation du Comité central, et recevoir pouvoir régulier nécessaire du Trésorier, afin de donner quittance de toute somme reçue pour l'Association.

Dans toute réunion et par attention toute française, les premiers rangs seront exclusivement réservés aux Dames.

Art. 27.— Aucune personne étrangère à l'Associattion ne peut assister aux réunions, sauf invitation spéciale du Président et du Bureau.

Art. 28. — Un exemplaire imprimé des statuts et du règlement intérieur, est remis à chaque Sociétaire sur sa demande, moyennant une rétribution fixée par décision du Comité. Le prix en sera indiqué sur chaque exemplaire.

Dressé le présent projet de règlement intérieur de l'Association, par le soussigné.

F.-P. Nadix.

Paris, 15 mars 1897.

Arrêté par le Comité d'organisation à vingt-huit articles, en séance du   1897, pour être soumis à l'approbation des Sociétaires réunis en Assemblée générale.

Paris, le   1897.

Le Président,   *Le Secrétaire,*

LISTE CHRONOLOGIQUE

DE 30 NOMS D'ÉTRANGERS ILLUSTRES
AUXQUELS LA FRANCE COLONIALE EST REDEVABLE DE DÉCOUVERTES
OU DE GRANDS SERVICES RENDUS

—

GUTTEMBERT (Allemand), 1400-1468
CHRISTOPHE COLOMB (Italien), 1451-1506.
AMÉRIC VESPUCE (Italien), 1451-1512
VASCO DE GAMA (Portugais), 1469-1524)
MAGELLAN (Portugais), 1480-1521
GÉRARD MERCATOR (Belge), 1515-1594
BAKER (Anglais), 1540-1580
GALILÉE (Italien), 1564-1642
TORRICELLI (Italien), 1608-1647
NEWTON (Anglais), 1642-1727
COOK, JAMES (Anglais), 1728-1779
FORSTER (Allemand), 1729-1798
WATH, JAMES (Écossais), 1736-1819
DE SAUSSURE (Suisse), 1740-1825
VOLTA (Italien), 1745-1827
FULTON (Américain), 1767-1815
MUNGO PARK (Ecossais), 1771-1805
ROSS, JOHN (Anglais), 1877-1856
HUMPHRY DAVY (Anglais), 1778-1829
FRANKLIN, JOHN (Anglais), 1786-1850
FARADAY (Anglais), 1791-1867
DE WRANGEL (Russe), 1794-1856
STEPHENSON (Anglais), 1803-1859
RUHMKORFF (Allemand), 1803-1877
LIVINGSTONE, DAVID (Écossais), 1813-1873
TYNDALL, JOHN (Irlandais), 1820-1893
Dr BARTH, HENRI (Allemand), 1821-1865
BAKEL, Samuel (Anglais), 1821-1893
NOBEL (Suédois), 1833-1896
CAMERON, VERNEY (Anglais), 1844-1894

MEMBRES DU PARLEMENT

Représentants des Colonies françaises au 15 janvier 1897

SÉNATEURS

ALLÈGRE, *La Martinique.*
DROUHET, *La Réunion.*
GODIN, *Inde.*
ISAAC, *Guadeloupe.*

JACQUES, *Oran.*
PAUL GÉRENTE, *Alger.*
Dʳ TREILLE, *Constantine.*

DÉPUTÉS

ALYPE (Pierre), *Inde.*
Dʳ BOURLIER, *Alger.*
BRUNET, *La Réunion.*
CÉSAR-LAINÉ, *Martinique.*
COUCHARD, *Sénégal.*
DEPROGE, *Martinique.*
ETIENNE, *Oran.*
FORCIOLI, *Constantine.*

FRANCONIE, *Guyane.*
GERVILLE-RÉACHE, *Guadeloupe.*
Dʳ ISAAC, *Guadeloupe.*
LE MYRE DE VILLERS, *Cochinchine.*
DE MAHY, *La Réunion.*
SAINT-GERMAIN, *Oran.*
SAMARY, *Alger.*
THOMSON, *Constantine.*

ASSOCIATIONS COLONIALES
AFRIQUE
AMERIQUE
ASIE
OCEANIE
FRANCE
FRANCE ET COLONIES
MARQUE DÉPOSÉE